AMÉRICO VESPUCIO

Del Amazonas a Río de Janeiro

Por Mélanie Mettra
Traducido por Marina Martín Serra

Historia en50MINUTOS.es

AMÉRICO VESPUCIO

- **¿Nacimiento?** El 9 de marzo de 1454 en Florencia (Italia).
- **¿Muerte?** El 22 de febrero de 1512 en Sevilla (España).
- **¿Objetivo de la expedición?** Explorar y cartografiar tierras desconocidas.
- **¿Regiones del mundo exploradas?** América Central y del Sur.
- **¿Descubrimientos destacados?**
  - La desembocadura del Amazonas.
  - La bahía de Río de Janeiro.

Si el nombre de Américo Vespucio pasa a la posteridad, es gracias a un célebre monje cartógrafo alemán, Martin Waldseemüller (1470-1518 o 1521). Este publica en 1507 el primer mapa en el que aparece el continente que Cristóbal Colón (navegante y explorador genovés, 1450-1506) descubrió sin saberlo. Waldseemüller llamará «América» a su parte sur, en honor a Américo Vespucio. Vespucio, aunque español de adopción, es de origen italiano, y posee un estrecho vínculo con la gran familia de los Médici; hombre de negocios amante de la geografía y la cartografía, es el primero en estar convencido de que las tierras que descubre Colón no son una parte desconocida de Asia, sino un continente entero.

Sus expediciones en Sudamérica inspiran muchos relatos de viajes. Aunque hoy en día muchos han desaparecido, sus descripciones de las costumbres de los pueblos que encuentra en las costas brasileñas tuvieron un gran éxito entre sus contemporáneos. Pero su periplo está lleno de misterios: el número de sus viajes es incierto, el papel exacto que desempeñó también, y su reputación está manchada por la sospecha de haber usurpado el papel de Cristóbal Colón en el descubrimiento de un nuevo mundo. Vespuci, apasionado de las letras, de las ciencias y de los viajes, fue un popular cronista cuyos escritos se difunden a través de una imprenta entonces en pleno auge. Este hombre del Renacimiento llevó una vida propia de su época.

BIOGRAFÍA

Retrato de Américo Vespucio, de 1876.

UN ENTORNO ILUSTRE

Américo Vespucio nace en 1454 en Florencia. Su padre, Nastagio Vespucio (1425-1483), es notario del gobierno de Florencia, la Signoria, y su tío Giorgio Antonio Vespucio

(1434-1514) se encarga de educar a Américo. Monje dominico, Giorgio Antonio Vespucio es un humanista reconocido cuya cultura y erudición le permitieron entrar al servicio de los Médici, enseñando griego y latín a los niños de la élite florentina. Por lo tanto, Américo Vespucio frecuenta el entorno cultivado de los Médici, junto a pintores y hombres de letras, como Sandro Botticelli (pintor florentino, 1445-1510), que es su vecino.

Su tío también tiene grandes cualidades diplomáticas gracias a las que es enviado a Francia en 1478. De hecho, los dos hermanos de la familia de los Médici, Lorenzo (llamado Lorenzo el Magnífico, hombre de Estado florentino, 1449-1492) y Juliano (hombre de Estado florentino, 1453-1478), fueron víctimas de un intento de asesinato maquinado por los hijos de la familia Pazzi (una familia muy antigua de la nobleza florentina), que termina con la muerte de Juliano. La familia Médici, cuyo poder se tambalea a causa de esta conspiración, busca entonces apoyo en las cortes europeas. Con este objetivo, envían a Giorgio Antonio Vespucio como embajador ante el rey de Francia, Luis XI (1423-1483). Américo le sigue, para continuar con su formación, destinada a convertirlo en un hombre de negocios en el sentido moderno del término, es decir, a ocuparse de la gestión de las finanzas, del secretariado y de las relaciones públicas de su propia familia primero y de la ciudad de Florencia después.

LA MUSA DE UN PINTOR

Hubo otro miembro de la familia Vespucio con un

destino particular: Simonetta Cattaneo de Candia (1453-1476) que, con 15 años, se casa con Marco Vespucio, primo de Américo Vespucio. Puesto que está casada con un Vespucio, frecuenta también la corte de los Médici, y algunas voces afirman que habría sido la amante de Juliano de Médici.

En cualquier caso, allí conoce al pintor Botticelli, que usa como modelo en sus cuadros más famosos a Simonetta, a la que Florencia apoda en francés «La Sans Pareille» (que significa «la Sin Igual») debido a su increíble belleza: ella es Venus en *Venus y Marte* (circa 1483) y en *El nacimiento de Venus* (circa 1484), y una de las gracias en el cuadro titulado *La primavera* (circa 1478). Sandro Botticelli es enterrado, a petición suya, a los pies de la tumba de su musa en la iglesia de Ognissanti, en Florencia. El retrato de la «bella Simonetta» pintado por Piero di Cosimo (pintor florentino, 1461/1462-1521) también adorna las paredes del museo Condé en Chantilly (Francia).

UN ENCUENTRO QUE CAMBIARÁ SU VIDA

Cuando muere su padre, Américo Vespucio se ve obligado a regresar a su ciudad natal, donde entra al servicio de Lorenzo di Pierfrancesco (1463-1503), primo de Lorenzo de Médici. En 1491 es enviado a Sevilla, para gestionar sus asuntos de negocios con Juanoto Berardi (armador y comerciante florentino que vivía en Sevilla, 1457-1495), que participa en la financiación de las primeras expediciones de Cristóbal Colón y permite que los dos hombres se conozcan. Igual que Cristóbal Colón, Américo Vespucio es un apasionado de la cartografía, la astronomía y las técnicas de navegación. Lector de Marco Polo (viajero veneciano, 1254-1324), también cultiva el gusto por los viajes y la exploración. En 1499 se embarca en su primer viaje documentado, con el navegante español Alonso de Ojeda (1468 o 1470-1515/1516).

Durante sus dos primeros viajes, bajo la tutela de los reyes españoles Isabel I de Castilla (1451-1504) y Fernando II de Aragón (1452-1516), explora una parte de América Central. Luego parte con los portugueses, financiados por el rey Manuel I (1469-1521) y explora el sur del continente, con la esperanza de encontrar un estrecho que permita conectar el Atlántico con Asia. La historia de estas exploraciones despierta el entusiasmo en la corte de España, que le otorga el título de súbdito de sus Majestades. En 1505, Fernando II de Aragón le nombra piloto mayor de la Casa de la Contratación (administración colonial española) en Sevilla, y se le encargan las tareas de elaboración y control de los mapas náuticos y de la formación para la navegación científica de los capitanes de los buques destinados a las colonias españolas en América, cuya administración también se le confía a la Casa de la Contratación.

Muere en Sevilla en febrero de 1512.

CONTEXTO POLÍTICO, SOCIAL Y ECONÓMICO

EL RENACIMIENTO FLORENTINO

Américo Vespucio nace en una Florencia en pleno Renacimiento, en una familia que pertenece a la esfera de influencia de los Médici. En ese momento, Italia todavía no cuenta con unidad política, sino que está formada por una multitud de ciudades de las que dependen territorios más o menos extensos, gobernados en forma de reino o de república.

Florencia es una señoría cuyo gobierno está formado por ocho priores, elegidos entre las corporaciones profesionales de la ciudad (gremios), y encabezados por el confaloniero de justicia, elegido de forma rotatoria entre las grandes familias de los diferentes barrios de la ciudad. Nombrados por dos meses, les asisten dos consejos que tienen una función consultiva. La familia Médici toma las riendas de la ciudad a partir de 1434 y de la llegada de Cosme de Médici (1389-1464), un rico heredero de un padre que se dedicaba tanto a la banca y al negocio textil como a la propiedad de la tierra. Sin cuestionar las instituciones, Cosme establece un modo de gobierno principesco basado en el clientelismo y el mecenazgo. Presta apoyo financiero a su familia, amigos y vecinos, que a cambio le conceden su lealtad y su influencia en la adjudicación de cargos públicos; así, y para su propio beneficio, penetra en la política de la ciudad y la dirige indirectamente. En 1469, Lorenzo de Médici llega al poder. A diferencia de su abuelo, no se contenta con dirigir la república mientras permanece en la sombra, sino que afirma una autoridad creciente creando por ejemplo el Consejo de los Setenta, cuyos miembros son nombrados de por vida, rompiendo con la tradición de rotación rápida de los cargos, o incluso aplastando sin piedad a sus adversarios, como durante la conspiración de los Pazzi (1478). Lorenzo el Magnífico encarna el apogeo del poder florentino e inspira la obra política de Nicolás Maquiavelo (escritor y político italiano, 1469-1527).

La fortuna de la familia Médici se basa principalmente en el comercio, pero manifiesta todo su poder en el mecenazgo. La ciudad de Florencia, además de contar con un gran poderío financiero, es un símbolo del Renacimiento artístico. Lorenzo de Médici le brinda su apoyo a los artistas y a los hombres de letras, como Pico della Mirandola (filósofo humanista italiano, 1463-1494), Sandro Botticelli o incluso Miguel Ángel (pintor, escultor, arquitecto y poeta italiano, 1475-1564), entre otros. Asimismo, crea la Universidad de Pisa para difundir las enseñanzas humanísticas. Américo Vespucio crece en ese ambiente impregnado del espíritu de los negocios y del humanismo, que contribuye a desarrollar su gusto por el conocimiento y el descubrimiento. Aun así, Florencia no es el único representante de esta efervescencia económica y cultural que impregna el final del siglo XV.

LA RECONQUISTA ESPAÑOLA

Si Italia es todavía una península formada por Estados independientes, la España de finales del siglo XV entra en un período de unificación nacional. En 1469, el matrimonio de Isabel de Castilla y Fernando de Aragón permite, con la llegada al trono de cada uno de ellos, que sea posible la unión de dos grandes unidades territoriales ibéricas. Entre 1482 y 1492, la reconquista del reino de Granada, último enclave musulmán en España, y en 1515 la anexión de Navarra, concluyen la unificación política del país y conceden el título de Reyes Católicos Isabel I y a Fernando II.

Ambos dedican su reinado a consolidar la unidad del país, con el objetivo de asentar el poder español en toda Europa. Esta voluntad se refleja en primer lugar en una política interna para reforzar el poder real central y la religión católica con el establecimiento de la Inquisición (1478-1480). Dirigida primero por Tomás de Torquemada (monje dominico, 1420-1498), y luego por Diego de Deza (monje dominico, 1444-1523), la Inquisición tiene el objetivo de erradicar cualquier forma de herejía mediante penas que van desde simples multas hasta la muerte en la hoguera, y también lleva a cabo la expulsión de los judíos que se niegan a convertirse (decreto del 31 de marzo de 1492). Sin embargo y ante todo, la mayor ambición española es marítima.

A LA CONQUISTA DEL MUNDO

Los europeos surcan el mundo conocido desde hace siglos, y Américo Vespucio es un ávido lector de relatos de viajes, como *Los viajes de Marco Polo* (o *El libro de las maravillas*), escrito por Marco Polo. Las relaciones que mantienen con Asia para comerciar con la seda y las especias son antiguas, y los comerciantes italianos se encargan particularmente de preservarlas. Pero cuando en 1453 los turcos toman la ciudad de Bizancio y se hacen con el dominio de Oriente Próximo, las vías de comunicación terrestre hacia la India, China y Japón se vuelven peligrosas. Por eso, los exploradores buscan encontrar nuevas rutas marítimas. Se realizan muchas innovaciones en el ámbito de la navegación, que favorecen estas expediciones: la brújula y el astrolabio, que permiten determinar las latitudes y longitudes, esenciales para orientarse en el mar, pero también el portulano (mapa marítimo). Gracias a estas y al perfeccionamiento de los barcos, la navegación puede ir más allá del cabotaje.

En España, Cristóbal Colón, después de sufrir varias negativas, convence a Isabel de Castilla para que financie su proyecto para llegar a Asia cruzando el océano Atlántico. Los privilegios extraordinarios que se le conceden en las Capitulaciones de Santa Fe (un contrato que compromete a la reina hacia el explorador) dejan pensar que la soberana española no estaba convencida del éxito de Colón. Pero, a pesar de todo, la reina ve en esta empresa la oportunidad de afirmar el poder español, sobre todo ante los portugueses, que también se lanzan a la conquista de los mares. Cristóbal Colón realiza su primer viaje entre agosto y octubre de 1492, pocos meses después de la toma de Granada, y vuelve en enero de 1493, convencido de haber explorado algunas islas desconocidas de Asia. Los cuatro viajes que hace ponen en marcha el proceso de colonización, evangelización y explotación de los recursos de estos nuevos territorios que, en los próximos siglos, colmarán de riquezas y de poder a la Corona española. No obstante, Colón nunca sabrá que ha descubierto un nuevo continente.

LAS EXPEDICIONES DE AMÉRICO VESPUCIO

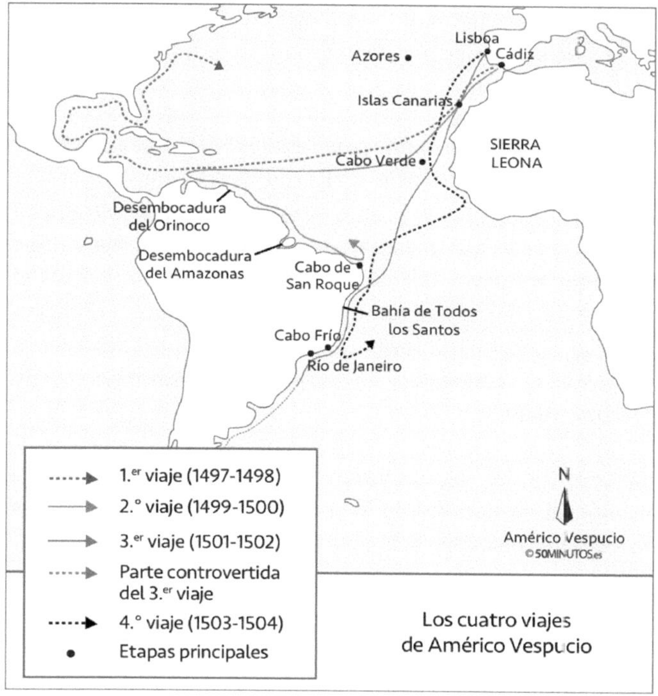

LAS CONDICIONES DE LA PARTIDA

Cuando Lorenzo di Pierfrancesco de Médici envía a Américo Vespucio a Sevilla, es para que ayude a Juanoto Bernardi, uno de los comerciantes florentinos más influyentes de la ciudad. Este último financia los viajes de los navegantes hacia la India para obtener beneficios de los cargamentos de especias, de piedras preciosas y también de esclavos. Así, participa en el fletamento de las carabelas de la primera expedición de Cristóbal Colón, que en abril de 1493 celebra una marcha triunfal en Barcelona a la que asiste Américo Vespucio.

Cuando Juanoto Bernardi muere en 1495, estaba a punto de renovar su apoyo financiero al explorador genovés para su segundo viaje; entonces, Américo Vespucio es nombrado su albacea, por lo que retoma sus asuntos en marcha y debe gestionar el nuevo viaje de Cristóbal Colón, del que hará el balance a su regreso en junio de 1496. Poco a poco, entablará amistad con el explorador, gracias al que probablemente alimenta su curiosidad y sus ganas de aventuras y de descubrimientos.

Hasta entonces, las Capitulaciones de Santa Fe otorgaban a Colón el monopolio de los beneficios obtenidos a través de los viajes de exploración hacia lo que todavía todos creen que es la India. Pero después de su desastrosa gestión de la isla de La Española y de la mediocridad de sus descubrimientos en lo que se refiere a las piedras preciosas, los Reyes Católicos deciden poner fin a esta exclusividad, permitiendo que otros navegantes prueben suerte. Américo Vespucio viajará con uno de ellos en varias ocasiones.

PRIMER VIAJE (MAYO DE 1497-OCTUBRE DE 1498)

El primer viaje de Vespucio, dibujo de 1505.

La primera carta de Américo Vespucio a Lorenzo di Pierfrancesco de Médici lleva la fecha de junio de 1500, y describe el viaje y los descubrimientos que hizo durante los meses precedentes. Sin embargo, su discurso no deja claro si realizó un viaje anterior a este. La carta dirigida a Piero

Soderini (hombre de Estado y confaloniero de Florencia, 1452-1522), escrita en 1504, confirma a su vez que existió este primer viaje, que habría transcurrido entre mayo de 1497 y octubre de 1498. Américo Vespucio se habría marchado de Cádiz con tres naves proporcionadas por el rey Fernando II. Después de un mes de travesía, habría llegado a las costas de México y habría subido hacia Florida. Si este viaje es auténtico, Américo Vespucio habría sido el primero en poner un pie sobre el continente americano propiamente dicho. Pero los mapas topográficos que transmite no se corresponden con el lugar donde dice haber acostado; esto genera dudas que se alimentan con una polémica según la que Américo Vespucio se habría inventado este viaje para atribuirse el mérito del descubrimiento de un nuevo continente, en lugar de Cristóbal Colón.

SEGUNDO VIAJE (MAYO DE 1499-SEPTIEMBRE DE 1500)

Este segundo viaje no se pone en duda. Está organizado por el capitán Alonso de Ojeda, que presenta la propuesta a los Reyes Católicos de un nuevo viaje hacia el golfo de Paria (que separa la actual Venezuela de la isla de Trinidad), descubierto por Cristóbal Colón en su primer viaje, que había evocado su riqueza en oro y perlas. Con el consentimiento de sus Majestades, zarpa el 16 de de mayo de 1499 desde Cádiz, acompañado por Juan de la Cosa (cartógrafo y navegante español, 1449-1510), cuyo papel a bordo es incierto: ¿era un simple aventurero que deseaba viajar o un cartógrafo que participaba en la navegación? La pregunta sigue abierta.

En su carta a Lorenzo di Pierfrancisco de Médici, Américo Vespucio describe la primera etapa de su viaje, que será idéntica en todos sus futuros viajes. Al principio, se pone rumbo hacia las islas Canarias, frente a Marruecos y, después, hacia las de Cabo Verde, frente a Senegal. Estas dos etapas permiten el aprovisionamiento de agua, madera y alimentos antes de cruzar el océano Atlántico.

Después de 24 días de travesía, la tripulación de los cuatro buques dirigidos por Alonso de Ojeda desembarca en la costa de Venezuela. Entonces, la expedición se habría dividido en dos: dos barcos habrían ido con el capitán Ojeda para explorar el golfo de Paria en el norte y Américo Vespucio habría tomado los otros dos para explorar las costas más al sur. Este último desciende a lo largo de las costas de Guyana y Brasil, descubriendo la desembocadura del río Orinoco y la del Amazonas. Durante este viaje ofrece las primeras descripciones de las tribus con las que se encuentra: se retrata a los amerindios como seres agradables, sencillos, que prefieren los tesoros de plumas y de espinas de pescado antes que las perlas, que voluntariamente entregan a los navegantes, a cambio de cascabeles. También evoca los ritos caníbales a los que someten a los prisioneros de guerra, que luchan sin otra razón que la de combatir, de forma parecida a los europeos, que se pelean por codicia o por venganza.

Dibujo que representa los ritos caníbales de los amerindios, de 1505.

Américo Vespucio, como buen geógrafo, describe también las corrientes guayanesas, fuentes de tormentas que hacen que los buques vayan a la deriva, y presenta sus observaciones de las constelaciones del hemisferio sur, cuyo conocimiento es indispensable para la navegación nocturna.

Entonces da media vuelta en el cabo de San Roque (que será bautizado en el viaje posterior y que se encuentra en Brasil), por motivos que no resultan obvios: Américo Vespucio afirma que se ve obligado a hacerlo debido a una tormenta que dura más de cuatro días, pero cambia de rumbo en el lugar exacto donde está la línea divisoria fijada por el Tratado de Tordesillas, que marca el límite entre las tierras que están bajo control español y las que se encuentran bajo control portugués. Quizás no se atrevió a cruzarla, o quizás lo hizo pero lo mantuvo en secreto. Vuelve a España en septiembre de 1500.

EL TRATADO DE TORDESILLAS

El Tratado de Tordesillas, firmado el 7 de junio de 1494 entre los soberanos españoles y Juan II (rey de Portugal, 1455-1495), establece el límite de los derechos de propiedad sobre las tierras descubiertas por los españoles y los portugueses en ultramar, marcado por una línea ficticia que va de norte a sur, a aproximadamente una latitud de 46° oeste, y que atraviesa Brasil entre la desembocadura del Amazonas al norte y la actual Porto Alegre al sur. Se establece que todas las tierras descubiertas al este de esta línea pertenecerán a Portugal y, las que se encuentren al oeste de esta, a España. Por eso, Brasil termina en manos de los portugueses, mientras que el resto de Sudamérica pasa a formar parte del dominio español.

TERCER VIAJE (MAYO DE 1501-SEPTIEMBRE DE 1502)

De Sevilla a Lisboa

Este tercer viaje ya no se hace bajo la égida de los Reyes Católicos. En una carta con fecha de junio de 1501 dirigida a Lorenzo di Pierfrancesco y enviada desde las islas de Cabo Verde, Américo Vespucio le habla de su traslado a Lisboa y de su nuevo viaje, esta vez por cuenta del rey Manuel I.

Las razones para este cambio no son evidentes: ¿acaso sus compañeros florentinos que vivían en Lisboa, al haberse enterado de sus descubrimientos, lo llamaron para que su flota aprovechara los conocimientos de Vespucio y para comprobar los descubrimientos de Pedro Álvares Cabral (navegante portugués, 1467-1520-1525)? ¿O Vespucio, en ocasión del viaje de Pedro Cabral, y deseando llevar a cabo su propia exploración más allá del cabo San Roque, habría aprovechado la oportunidad para continuar su navegación en aguas portuguesas? El hecho es que se hace a la mar en mayo de 1501, con la flota del capitán André Gonçalves, que participa en la expedición de Cabral. Una de las misiones del navegante portugués es descubrir un paso entre el océano Atlántico y el océano Índico, que todos creen que está al otro lado de las tierras exploradas hasta el momento.

El descubrimiento de las costas de Sudamérica

Después de hacer escala en las islas Canarias y luego en las de Cabo Verde —donde se cruzan con las naves de Cabral, quien le narra su viaje que después Américo Vespucio narra detalladamente a su correspondiente—, toman la dirección del círculo Antártico. Después de tres meses de navegación, marcados por casi 40 días de tormenta que hacen que la tripulación tema un naufragio y que agotan físicamente el cuerpo y también los ánimos, los portugueses llegan a la bahía a la que llamarán Bahía de todos los Santos (Bahia de Todos os Santos). Entonces descienden a lo largo de la costa hasta Tierra del Fuego, atracando a menudo y bautizando los sitios que descubren con el nombre de los santos del día o el mes. Así, en enero de 1502, paran en una bahía que piensan que es la desembocadura de un río y a la que llaman

Río de Janeiro (literalmente «río de enero»).

Cada parada que hacen dura entre 15 y 20 días, que a menudo pasan con los pueblos amerindios, a los que Américo Vespucio retrata detalladamente: describe a hombres y mujeres con la piel roja, que no llevan ropa, con el pelo negro y largo y el rostro perforado por todas partes para ponerse joyas de hueso o de piedras; las mujeres, además, llevan las orejas perforadas con el mismo propósito, y Vespucio alaba su belleza. Evoca su salud y su fuerza, su organización social patriarcal, sin líderes ni tabúes sexuales, la forma en la que aprovechan los recursos naturales para subsistir, mediante la pesca y la recolección, y hace hincapié en la ausencia de comercio, un tema que también preocupa a sus compatriotas.

Asimismo, evoca de nuevo su particular arte de la guerra, sin otra meta que el combate y la captura de prisioneros a los que luego se comen. A propósito de esto, relata el desafortunado destino de uno de los miembros de su tripulación. Para entrar en contacto con una tribu con la que se encuentra durante una de las escalas, el capitán de su nave decide dejar en tierra un joven marinero y alejarse un poco de la costa a bordo de botes. Inmediatamente, las mujeres que están en la orilla lo observan y lo palpan, antes de golpearlo y devorarlo, mientras que los hombres atacan con flechas a los marineros que se quedaron atrás. A pesar de estos encuentros a veces peligrosos, y de los escrúpulos ante prácticas consideradas poco acordes con el cristianismo, Américo Vespucio describe la vida de los amerindios como epicúrea y les hace un retrato halagador y lleno de admiración. Lo mismo ocurre con la naturaleza: alaba la fertilidad de sus tierras, la abundancia de fuentes de agua y la profusión de frutos, de pájaros y de especies animales, considerando que si esta tierra no es el paraíso terrenal, no está muy lejos de él.

La vuelta

En el mes de abril de 1502, mientras descienden aún más al sur con la esperanza de encontrar el paso que Fernando de Magallanes (navegante portugués, 1480-1521) descubrirá en 1520, Gaspar de Lemos y su tripulación, a los que Gonçalves les había encargado explorar el sur, se ven obligados a atracar en una costa desértica de Tierra del Fuego, debido a una tormenta que les precipita durante casi 15 horas a la oscuridad total. Entonces se decide agrupar todas las naves y subir hacia el Ecuador para poder beneficiarse de un clima más favorable. A continuación, se emprende el camino de vuelta hacia Portugal y, tras quince días de escala en Sierra Leona y otros quince en el archipiélago de las Azores, las naves entran en Lisboa en septiembre de 1502. Américo Vespucio se encuentra otra vez con su amigo Cristóbal Colón, caído en desgracia y del que intenta defender la causa ante Fernando de Aragón e Isabel de Castilla. Aunque tuviera lugar su intervención, no obtuvo los resultados esperados para Cristóbal Colón, que murió al año siguiente.

El *Mundus Nuvus*

Cuando regresa de este tercer viaje, Américo Vespucio le vuelve a escribir cartas a su correspondiente florentino, y escribe también un pequeño cuaderno de observaciones astronómicas de las constelaciones del hemisferio sur que le entregará a Manuel I. Estas cartas describen las tierras descubiertas y los hombres que se encontraron en ellas, y Vespucio espera que tengan eco para poder ganar fama. Agrupadas en un opúsculo de unas 50 páginas titulado *Mundus Nuvus* («Nuevo Mundo»), son los primeros escritos que mencionan un nuevo continente.

> «Allí conocimos que aquella tierra no era isla sino continente, porque se extiende en larguísimas playas que la circundan y de infinitos habitantes estaba repleta» («Américo Vespucio en costas americanas», *en La expansión europea, siglos XIV y XV*).
>
> «Estos últimos días, me he extendido lo suficiente en mis cartas a mi regreso de estas nuevas regiones que [...] hemos buscado y descubierto; estamos autorizados de llamarlas el Nuevo Mundo, porque nuestros antepasados desconocían su existencia [...] En estas regiones del sur, descubrí un continente más rico en poblaciones y animales que nuestra Europa, o que Asia, o que África [...]»[1] (Extracto citado en Dos Santos 2000).

En efecto, Américo Vespucio estima que las tierras exploradas no pueden ser islas o fragmentos del continente asiático debido a su tamaño y a la imposibilidad de rodearlas, y a la profundidad estimada de las tierras que se encuentran más adentro de la orilla. Esta visión perspicaz dará a Américo Vespucio mucho más que la modesta fama que esperaba.

---

1. Cita traducida por 50Minutos.es

CUARTO VIAJE (JUNIO DE 1503-JUNIO DE 1504)

Américo Vespucio habría hecho un cuarto viaje de nuevo con una tripulación portuguesa, repartida en seis naves dirigidas por Gonzalo Coelho (navegante portugués, 1451/54-1512), siempre con el objetivo de encontrar un pasaje hacia las islas de las especias. Durante el periplo, la expedición hace escala en Cabo Verde y en Sierra Leona, tal vez para explorar y buscar oro. El abordaje de la costa brasileña en agosto se hace a través de una pequeña isla, en cuyos arrecifes se hunde el buque insignia de la expedición. Los otros barcos habrían atracado en el Cabo Frío, donde Américo Vespucio primero habría realizado una exploración tierra adentro antes de establecer una factoría de explotación y de comercio de madera. Poco después de su regreso a Europa, vuelve a Sevilla y es nombrado piloto mayor de la Casa de la Contratación en 1505, cargo que ocupará hasta su muerte en 1512.

LA CASA DE LA CONTRATACIÓN

La Casa de la Contratación es un organismo potente e indispensable en la administración de las colonias españolas en América. Se encarga de crear los mapas y de revisarlos para identificar las rutas más rápidas y las más seguras. También ejerce una misión geopolítica, registrando cuidadosamente los descubrimientos, los descubridores y sobre todo su nacionalidad, para que no la despojen de nuevos territorios y para iniciar la conquista de nuevas tierras. Así pues, habiendo viajado en nombre de la Corona española y del rey de Portugal, los conocimientos de Américo Vespucio lo convierten en un hombre valioso para esta administración.

REPERCUSIONES

EL LEGADO DE AMÉRICO VESPUCIO

Américo Vespucio contribuye en gran medida a la navegación conocida como «científica» gracias a sus observaciones astronómicas y a los mapas que esboza. Cuando es piloto mayor, desarrolla también el uso de instrumentos que se utilizaron durante el descubrimiento del Nuevo Mundo. Sus cálculos de las posiciones a través de los astros y las coordenadas que encuentra permiten elaborar mapas precisos de las nuevas costas exploradas y de las rutas marítimas.

Sin embargo, además de sus cualidades como piloto y cartógrafo, que le permitirán colonizar nuevas tierras a toda una nueva generación de exploradores y de conquistadores, Américo Vespucio también deja un importante patrimonio epistolar. De sus escritos, nos ha llegado el *Mundus Nuvus*, cuya primera publicación impresa data de 1504. También ha sobrevivido la *Lettera*, igualmente impresa, que incluye la narración de cuatro viajes, destinada originalmente al confaloniero de Florencia Piero Soderini pero cuya autenticidad está muy cuestionada. Por último, también han llegado a nuestros días dos cartas de su correspondencia personal, esencialmente destinadas a Lorenzo di Pierfrancesco de Médici, cartas que constituyen el único rastro manuscrito de los cuentos de Américo Vespucio.

Estos escritos reflejan el espíritu humanista de la época, y en ellos se mezcla la ciencia —con la descripción detallada de las latitudes y longitudes, así como de los cálculos y planos astronómicos que realiza—, con referencias literarias —Plinio el Viejo (naturalista y escritor latino, 23-79), Policleto (escultor griego, siglo V a. C.) y Dante Alighieri (escritor italiano, 1265-1321)— y sobre todo con observaciones antropológicas particularmente detalladas. Asimismo, describe los paisajes explorados, que dice ser muy cercanos al paraíso terrenal, y las costumbres de las civilizaciones amerindias con las que se va encontrando. Participa a su manera en el mito del buen salvaje y, a pesar de todo, tiene una perspectiva independiente de cualquier juicio o interpretación.

Los textos de Américo Vespucio se difundieron ampliamente en los círculos de los comerciantes y los humanistas europeos, tras el éxito de los relatos de viajes y exploración.

UN NOMBRE PARA LA PROSPERIDAD

Precisamente, lo que permitirá que el nombre de Américo Vespucio pase a la posteridad será la circulación de estos textos y, en particular, el *Mundus Nuvus*. Impreso en Florencia, París y Estrasburgo, el opúsculo llega a manos del duque René II de Lorena (1451-1508), que también descubre la *Carta a Soderini*, reescrita en gran parte.

En Saint-Dié-des-Vosges (localidad francesa), un grupo de pensadores brillantes se reúne en el seno de lo que se llama el «Gimnasio Vosgo», entre los que se encuentran eminentes geógrafos agrupados en torno a Vautrin Lud (canónigo, maestro general de las minas de Lorena, 1448-1527). Tienen el proyecto de actualizar la *Geografía* de Claudio Ptolomeo (erudito griego, circa 100-170). Para hacer los mapas de esta nueva obra, publicada bajo el nombre de *Cosmographiae introductio*, Martin Waldseemüller se basa en el trabajo de América Vespucio y en la *Carta a Soderini*, así como en los mapas, como el de Canerio, proporcionados por el duque René de Lorena. Puesto que el explorador florentino es el primero en calificar explícitamente las tierras exploradas de «nuevo continente» y en proporcionar una descripción detallada de estas, Martin Waldseemüller atribuye su nombre a la parte sur de las Américas. Aunque este último no vuelve a mencionar este nombre en mapas posteriores, el gran cartógrafo Gerhard Kremer, llamado Gerard Mercator (matemático y geógrafo flamenco, 1512-1594), hará que pase a la posteridad incluyéndolo en su mapa del mundo de 1569.

AMÉRICO VESPUCIO, UN USURPADOR

Aunque las cartas de Américo Vespucio contribuyen al conocimiento y a la definición del Nuevo Mundo, así como a la reputación de su autor, también alimentan la polémica alrededor del navegante. Acusado de haberle usurpado a Cristóbal Colón el papel de descubridor de un nuevo continente y, por lo tanto, la gloria y el mérito que se le atribuyen, y de haberse inventado algunos viajes para hacerlo, Américo Vespucio entra a su pesar en un debate que no afecta a sus contemporáneos, ni al propio Colón.

Si se cuestiona la veracidad de los escritos de Américo Vespucio, en primer lugar es porque en su carta dirigida a Piero Soderini no presenta las mismas rutas que en las que envía a Lorenzo di Pierfrancesco de Médici. Escritas después de volver de sus viajes y destinadas a dos personajes cuyas funciones y relaciones con Américo Vespucio son diferentes, es difícil identificar los errores involuntarios del autor y sus elecciones narrativas. Por otra parte, no se deben subestimar los errores de transcripción y de traducción, así como los arreglos para halagar a un lector u otro o para promover una cosa u otra.

Américo Vespucio probablemente no sabía que las tierras descubiertas por Cristóbal Colón, que éste siempre creyó que eran islas de las Indias, formaban parte del mismo continente que el que intuye al navegar por la costa brasileña.

Además, los relatos de Cristóbal Colón son más breves que los de Américo Vespucio, muy retocados por su autor para hacer coincidir las nuevas tierras descubiertas con las de la China y el Japón de Marco Polo. Así pues, cuando Martin Waldseemüller crea su nuevo mapa del mundo, de forma natural da el nombre del navegante a la parte de lo que fue el primero en definir como un nuevo continente, y de la que ofrece un relato detallado. Del mismo modo, da a las islas donde atracó Colón el nombre con el que éste las bautizó, vinculándolas a Asia. En los mapas que realizará más tarde, mejor informado, prescindirá del nombre «América» y lo reemplazará por «Terra incognita», y dará protagonismo a los descubrimientos del explorador genovés.

Por lo tanto, la posteridad del nombre de Américo Vespucio probablemente se debe mucho más a las casualidades del flujo de la información, a la pluma de Américo Vespucio (que tenía más ganas de escribir una historia exótica que Cristóbal Colón, que quería presumir del potencial comercial de sus descubrimientos), y a los cambios *post scriptum* que a un intento deliberado de usurpar la gloria del navegante genovés, cuya fama y reconocimiento hoy no tienen nada que envidiarle a su contemporáneo y amigo.

¿SABÍAS QUE...?

Si Américo Vespucio da su nombre al nuevo continente descubierto por las expediciones españolas y portuguesas, probablemente también origina el nombre de Venezuela. Parece que las casas sobre pilotes de los indios del lago Macarabo habrían evocado la ciudad de Venecia, y Venezuela significaría «pequeña Venecia».

EN RESUMEN

- Nacido el 9 de marzo de 1454, Américo Vespucio es un hombre de negocios originario de Florencia, que trabaja para la familia Médici.
- En 1491, se traslada a Sevilla con el fin de garantizar

los negocios comerciales de su empleador, Lorenzo di Pierfrancesco de Médici, y se encuentra con Cristóbal Colón, cuyas historias de viajes le fascinan.

- En 1499, se marcha con el capitán español Alonso de Ojeda para realizar una expedición que lo conduce a Brasil, Guyana y Venezuela.
- En 1501, se embarca con una flota portuguesa y explora Sudamérica, desde Brasil hasta Tierra del Fuego, en busca de un pasaje entre el este y el oeste. Este viaje, narrado en el libro *Mundus Nuvus*, le lleva a creer que ha descubierto un nuevo continente.
- Se cree que tuvieron lugar otros dos viajes, pero no es seguro: uno habría tenido lugar en 1497 y lo habría llevado al golfo de México y, el segundo, en 1503, con el navegante portugués Gonzalo Coelho, a Brasil.
- En 1504, es nombrado piloto mayor de la Casa de la Contratación, y se le encargan las funciones de instruir a los pilotos que pondrán rumbo hacia el Nuevo Mundo, y de dibujar los mapas marítimos.
- En 1507, el monje Martin Waldseemüller elabora el primer mapa del Nuevo Mundo (formado únicamente por Sudamérica), al que llama «América» en honor a Américo Vespucio.

PARA IR MÁS ALLÁ

FUENTES BIBLIOGRÁFICAS

- Duviols, Jean-Paul. 2005. *Le Nouveau Monde. Les voyages d'Amerigo Vespucci (1497-1504)*. París: Éditions Chandeigne.
- Dos Santos, Ilda Mendes. 2000. *La découverte du Brésil. Les premiers témoignages*. París: Éditions Chandeigne.
- Boriaud, Jean-Yves. 1992. *Le Nouveau Monde, récits de Christophe Colomb, Pierre Martyr d'Anghiera, Amerigo Vespucci*. París: Éditions Les Belles Lettres.
- Lester, Toby. 2012. *La quatrième partie du monde*. París: JC Lattès.
- Cassou, Jean. 1966. *xve siècle, les événements : la découverte du Nouveau Monde*. París: Albin Michel, colección *Le mémorial des siècles*.
- Todorov, Tzvetan. 1989. "Fictions et vérités". *L'Homme*, tomo 29, n.º 111-112. "Littérature et anthropologie", 7-33.
- Todorov, Tzvetan. 2001. "La découverte des Américains". *Caravelle*, n.º 76-77, 309-316.

FUENTES COMPLEMENTARIAS

- La expansión europea, siglos XIV y XV, "Américo Vespucio en costas americanas". Consultado el 23 de junio de 2016. http://www7.uc.cl/sw_educ/historia/expansion/HTML/p340h.html
- Association La mer en livres, "Amerigo Vespucci". Consultado el 10 de mayo de 2014. http://www.la-mer-en-livres.fr/vespucci.html

- Pretou, Pierre. 2009. "Penser le Nouveau Monde". *Cahiers des Amériques latines*, 56. Consultado el 9 de mayo de 2014. http://cal.revues.org/1831

FUENTES ICONOGRÁFICAS

- Retrato de Américo Vespucio, de 1876. La imagen reproducida está libre de derechos.
- El Nacimiento de Venus, cuadro de Botticelli. La imagen reproducida está libre de derechos.
- El primer viaje de Vespucio, dibujo de 1505. La imagen reproducida está libre de derechos.
- Dibujo que representa los ritos caníbales de los amerindios, de 1505. La imagen reproducida está libre de derechos.

NOVELA

- Ikor, Olivier. 2012. *Les Quatre Journées d'Amerigo Vespucci.*

DOCUMENTALES

- *Amerigo Vespucci*, en *Il était une fois… Les explorateurs.* Serie de animación creada por Alain Barillé. Francia: 1996.
- *Amerigo Vespucci.* Dirigido por Gil Kébaïli. Francia: 2009.

¡APRENDER
NUNCA ANTES FUE
TAN RÁPIDO!

www.en50minutos.es

www.en50Minutos.es

ISBN ebook: 9782806278371

ISBN papel: 9782806282538

Depósito legal: D/2016/12603/447

Libro realizado por <u>Primento</u>, el socio digital de los editores